JN061134

夢は時空を超えて

― 145年を隔てた G.A.リーランド博士との出会い ―

大　櫃　敬　史

目　次

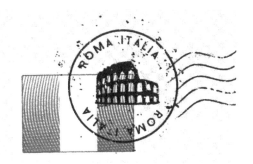

　本テーマは，筆者がこれまでに取り組んできたG.A.リーランド博士とわが国近代教育に関わる研究において，145年を隔てた壮大な時間と空間（米・日・伊）を超えた交流の序章である。

　かつて博士から近代教育の恩恵を受容する側の代理人として，時を隔てて立ち会える喜びを享受しつつ，………

　この度生じた奇跡的な邂逅に大いなる興奮を覚えざるを得ない。

G.A.リーランド（1850－1924）。
1881年2月，東京にて撮影
（アマースト大学所蔵）

6

1878年6月に合衆国政府からリーランドに発行された渡航許可証
（アメリカ国立公文書館蔵）

1. はじめに—ローマから突然届いた一通のメール

　2022 年 5 月 26 日に，ローマに音楽留学中の鈴木冴子さんから突然一通のメールが舞い込んだ。

　そもそもの切っ掛けは，鈴木さんの留学先のローマ市街に住むイタリア人女性から「夫（Mario Guidotti.Pn.D.：G.A. リーランド博士の曽孫）が日本語で書かれた一冊の本を持っているが何が書かれているか内容が全く理解できないので本を見て概要を教えて欲しい」という依頼から始まった。彼女がその本を手に取って見ると，本のタイトルは今村嘉雄著『学校体育の父　リーランド博士』であった。

　彼女は早速書かれている内容に目を通し，リーランド博士の曽孫 Mario さんと夫人の二人に説明を行った。合わせて，当該人物に関する研究動向の調査を試みた。程なくして，リーランド博士の曽孫 Mario さんから曽祖父が日本へ招聘期間中にどの様な役割を果たしたのか詳しい実態が知りたい旨の問い合わせがあった。

　その際，ご子孫にとって博士のわが国での活動を知る唯一の手掛かりとなったのは，今村著『リーランド博士』この本一冊のみであった。

　鈴木さんが最新の研究動向も踏まえ内容を調査した結果，筆者に問い合わせがあり，詳しい情報を得ることとなった。筆者としてはこれをまさに千載一遇の機会と捉え，今回の交流を切っ掛けとして研究が大いに飛躍的発展をすることに期待を寄せた。

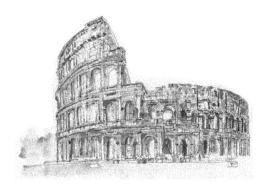

（1）鈴木さんから大櫃宛てメール（体操伝習所体操場模型の写真送付のお願い）2022.5.26

体操伝習所体操場について

大櫃敬史教授
突然の連絡失礼いたします。
ローマに音楽留学中の鈴木冴子と申します。

ローマであるご婦人に出会いました。
彼女の旦那さまが日本語の本を持っているという事で，見せて頂いたところ，今村嘉雄著『学校体育の父リーランド博士』でした。
彼はリーランド博士の娘さん，ジュンさんの孫とのことで（Mario Guidotti），どのような事が書かれているのか，おおまかにでも知りたいとの事で，四章の慰子妃との事を主に伝えました。

インターネットでも色々調べている内に，大櫃教授の「リーランド招聘に関する経緯」「130 年を経て，わが国最古の学校建築である体操場，今に蘇る」を見て，連絡させて頂きました。

不躾ながら，体操場模型の写真を送って頂けたら，Mario さんにリーランドがどのような体操場を提案したのか見せられると思います。

　2022 年 5 月 26 日

鈴木　冴子

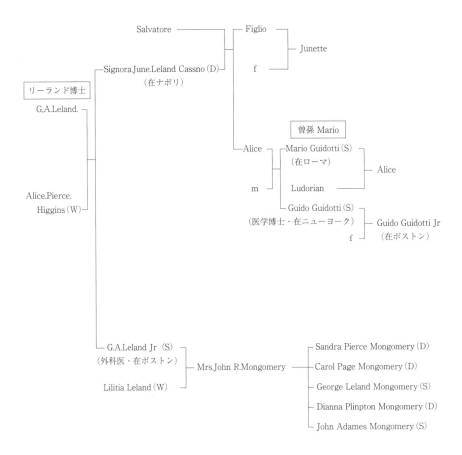

リーランドの子孫一覧（2023 年　筆者作成）

m：男　W：妻
f：女　S：息子
D：娘

2. リーランド博士曽孫 Mario さんとの往復メール
　　—Guidotti 家所蔵の新出資料の提供

　メール最初の交換後直ちにリーランド博士が行った体操伝習所での体育指導の成果が判る写真を提供した。

(1) Mario さん宛てメール (体操伝習所の写真) 2022.5.27

　Mario さん (リーランド博士曽孫) との最初のメール交換で，博士がわが国滞在中にどの様な教育活動を行ったか詳しい様子を知りたいとの希望を示されたので，早速活動実態が判る資料を準備しお答えすることにした。その際博士の主要な活動の場であった体操伝習所関係の写真を中心に揃え送付した (写真 2.1〜2.4) (鈴木さんを経てメールをお届けした)。

「体操伝習所関係資料の送付について」

　現物をお送りするのが一番ご理解いただけると思いましたが，コロナ禍にあって郵便事情も儘ならない様です。Mario さんに説明をして頂くのに復元模型の写真がより判り易い筈ですね。取り急ぎ，手元にある写真何枚かを送付させて頂きます。コロナ落ち着き次第，写真・刊行物も合わせてお送りさせて頂きますので，現地住所をお知らせください。

　近日中に Mario さんに会ってお話し頂けるとの由，今からとてもワクワクしています。

　2022 年 5 月 27 日

　　　　　　　　　　　　　　　　　　　　大櫃　敬史

写真 2.1　創立当初の体操伝習所
（1879.12）[1]

写真 2.2　体操伝習所体操場復元模型
（縮尺 1/50）
（現在は，東京大学総合博物館小石川分館に
おいて常設展示されている。）[2] [3]

写真 2.3　体操場の内観　（重厚な屋根に特徴あり）
（当時，使用されていた体操用具が見られる。）[4]

写真 2.4　新聞に掲載された体操伝習所体操場復元模型（四国新聞）

(2) Mario さん宛てメール（日本・東京滞在中の日々—追加の写真）2022.6.12
　先日お送りした写真のみでは日本滞在の事情を知るのに不十分かと思い，追加の写真何枚かを用意した。

「参考写真の送付」（追加分）

　先日お送りした体操伝習所の写真，参考になりましたでしょうか。
　お送りした後で気付いたのですが，リーランド博士滞日中のジュンさんに関する写真も参考になるのではないかと思い 3 枚程度ピックアップしてみました。参考になさってください。また博士が日本に滞在中の諸事情に付きましては，ある程度お答え可能と思います。
　遠慮なくお申し出ください。
　2022 年 6 月 12 日

　　　　　　　　　　　　　　　　　　　　　　　　　　大櫃　敬史

　以下，ここでは 1. 東京本郷東京帝国大学内リーランド宿舎で過ごすリーランドと娘のジュン（写真 2.5），2. アリス・ピアース・リーランド夫人（写真 2.6），3. ジュン・リーランド・カサノ（写真 2.7）の写真 3 枚をまとめて送付した。そして最後に筆者がこれまでにまとめた博士の業績の全体が見通せる拙著 3 冊を寄贈することを約束してメールを閉じた。
　改めて，2023 年 1 月 18 日付国際郵便にてリーランド博士のわが国での優れた業績の全貌をお伝えすべく以下の拙著（3 冊）をお送りした。鈴木さんにはイタリアの特殊な郵便事情もあって大変ご足労を頂き心から謝意を表します。
　『近代日本体育の父　リーランド博士全集 1』紫峰図書，2003
　『時空を超えて—甦る，幻の体操伝習所体操場』亜璃西社，2015
　『日米体育交流に関する実証的研究』学文社，2015

　2023 年 2 月 22 日，突然に Mario さんの甥 Guido Guidotti Jr.（在ボストン）が

ローマを訪問されることになった。Mario さんもご高齢でありこの機会に是非同席して話し合う場を共有しては如何かとの丁寧なお誘いを受けた。コロナ蔓延下で海外旅行も極めて困難な状況にあり今回の貴重な誘いは断念せざるを得なかった。返す返すも悔いの残る結末となった。

　Mario さんからは，図書寄贈のお礼に加えて Guidotti 家所蔵の以下の資料提供を受けた。

写真 2.5　東京本郷区本富士町東京帝国大学内リーランド宿舎
（左より 4 人目メイドに抱かれたジュン　椅子に横たわるリーランド）[5]

写真 2.6　Alice Pierce Leland[6]

写真 2.7　June Leland Cassano[7]

(3) Mario さんから大櫃宛てメール（図書寄贈のお礼と Guidotti 家所蔵資料の提供）2023.2.18

1) Guidotti 家所蔵資料（写真 3 点，肖像画 2 点）2023.2.18

Alice Pierce（リーランド夫人），June（日本名「順」）（子），Alice（孫）

写真 2.8　Alice（Mario さん母）

写真 2.9　Alice（Mario さん母：上），
June（祖母：手前）

写真 2.10　Alice（Mario さん母：左），
June（祖母：中央），
Alice Pierce Higgins
（Mario さんの曽祖母：右）

写真 2.11　Alice Pierce Higgins
（Mario さん曽祖母）

写真 2.12　June（Marioさん祖母）

　2023 年 2 月 10 日，筆者がお送りした図書を鈴木さんから Mario さんにお届けしたというメールを鈴木さんから頂いた。その中で，次のように記されていた。

　Mario さんの家の中に，ご親族の写真が沢山飾られていて，Alice Pierce Higgins（リーランド博士の奥さん），June（リーランド博士の娘），Alice（リーランド博士の孫）三人の写真と肖像画があったので，写真を撮らせて頂きました。

　鈴木さんによって一足先にこれらの貴重な写真・肖像画をメールで送って頂いた。リーランド家三代の女性の写真［アリス・ピアース（リーランド夫人），順（ジュン）（子），アリス（孫），他写真資料 3 枚，肖像画 2 点（写真 2.8〜2.12）］，これらはいずれもが新規発見の資料である。

　その後，Mario さんから以下の様なお礼と資料提供のメールが届いた。

George A. Leland

From   Mario Guidotti

Dear Prof. Obitsu, I wish to thank you very very much for the 3 books you sent concerning my ancestor Dr. Leland: I found them very interesting, especially the one mostly in English which I was able to read ; I'm sorry but I do not know Japanese but the architecure of the Taiso Gymnasium was of great interest to me as I am (was) an engineer.

As regards other materials regarding Dr. Leland I am afraid that I do not have anything more: my granmother Jiun, Leland's daughter, in the
(ママ)
past gave all the information she had to the Japanese Professor Yoshio Imamura who wrote a book titled "Dr. Leland-the father of Japanese physical education", which I have but also cannot read. Among the pages

of this book I found a letter from a Japanese Princess, who was very fond of Jiun and gave her the japanese name Jiun, letter I am sending
(ママ)   (ママ)
you attached to this e-mail. Furthermore I will contact the American branch of the family, dr, Leland Jr's descendants, to see if they have any material that might interest you. Thanking you once more, you sincerely

Mario Guidotti

  2023.2.18

　私の曽祖父リーランド博士に関する本3冊をお送り頂き有難うございます。私はだいたい英語は読めますが，日本語は分かりません。しかし，私はエンジニアですので体操伝習所の建築（物）には非常に興味があります。

　リーランド博士に関するその他の資料に関しては，残念ながらこれ以上のものはありません。私の祖母ジュン（順），リーランドの娘が持っていたすべての情報を以前日本の今村嘉雄教授に提供し，その本に，タイトル—学校体育の父リーランド博士—を書きましたが，私はそれを持っていますが悲しいことに読むことができません。

　この本のページの中に手紙を見つけました。

　ジュン（順）をとても愛し，ジュンという日本名を付けた日本の有栖川宮慰子妃からの手紙をメールに添付してお送りします。さらに，家族のアメリカ在住のリーランド・ジュニア博士の子孫に連絡するつもりです。あなたが興味を持ちそうな資料があるかどうか確認してください。

　改めて感謝申し上げます。

2023年2月18日

Mario Guidotti

　以上のような丁寧な返事を頂いた。お送りした本の中でご本人がエンジニアであるということもあって体操伝習所の建築（物）に特に強い関心を示された様である。また博士関連の資料所蔵の有無を尋ねたところ先行研究者である今村嘉雄教授が研究書『リーランド博士』を執筆の際に順さんが持ち合わせていたすべての情報を提供されたという事実も判明した。

　また，そんな中，残された1通の未見の資料—「有栖川宮慰子妃からリーランド夫人宛ての書簡」（写真2.13）—が今村前掲書のページの間から見つかった

ことも新たに確認された。この他に 1968 年 9 月『学校体育の父　リーランド博士』出版を報告する今村嘉雄教授からリーランド博士の娘順宛ての書簡も加えて，Mario さん所蔵の新資料 2 点を合わせて提供頂けるという幸運に恵まれた。

・アリス・ピアース（リーランド夫人），順（ジュン）（子），アリス（孫）：写真資料 3 点，肖像画 2 点

・書簡 1 通：(1887 年 6 月 3 日，東京，有栖川宮慰子妃からリーランド夫人宛書簡)

・書簡 1 通：(1968 年 9 月 20 日，埼玉，今村嘉雄教授からリーランド娘順（ジュン）宛書簡)

2) 有栖川宮慰子妃からリーランド夫人宛て書簡　1887.6.3.　東京

　リーランド夫人 Alice と慰子妃とのそもそもの間柄は，有栖川宮威仁親王と慰子妃の婚約中の時期にまで遡る。当時リーランド夫人は慰子妃の英会話を指導した。それ以来，妃殿下とアリスとは大変に親しい友達になりその交情は妃殿下が 1922 年薨去されるまで続いた。妃殿下は，来日 2 年後に生まれたリーランドの長女に O Juin San (obedience〔従順〕を意味する) と命名している。日本には僅か 3 年の短い滞在期間であったが，得難い機会であり経験であったと後々述懐している。いつも日本を愛し，今なお東京にいる家族と手紙の交換を継続している。

　その後二人の間には，どの程度の書簡の往復があったか明らかではない。しかし残された資料によれば，次のことが明らかになっている。

　○ 1882 年（明治 15）9 月 13 日　慰子妃からアリス夫人宛て書簡—内容はジュン（順）の可憐さを讃えたもの，熾仁親王が天皇の名代としてロシア皇帝の戴冠式に出席，コレラの流行，自分のポートレートと交換にアリス夫人の写真を送って欲しい etc. ケーニヒスベルヒ滞在中のアリス宛てに送ったもの。アリスはボストンに帰ってからこれを受け取った。

　以後，身辺が多忙を極め次第に疎遠になっていったものと伺える。

　○ 1913 年（大正 2）7 月威仁親王 52 歳で薨去—アリスから慰子妃宛て書簡。7 月 7 日付　弔文。慰子妃から返書。

○ 1923 年 (大正 12) 6 月 30 日慰子妃 60 歳で
　薨去

　同年 9 月 1 日関東大震災—アリス夫人直ち
　に震災見舞の書簡。

○ 1923 年 10 月 30 日徳川美枝子 (慰子妃第二
　女王) 夫人からアリス夫人宛て書簡—内容
　は慰子妃薨去の報，震災見舞に対する返信。

写真 2.13　有栖川宮慰子妃

　実際，この年をもってアリス夫人と最も親愛
と尊敬を込めて続けられてきた 2 人の間の交信は完全に断たれることとなった。

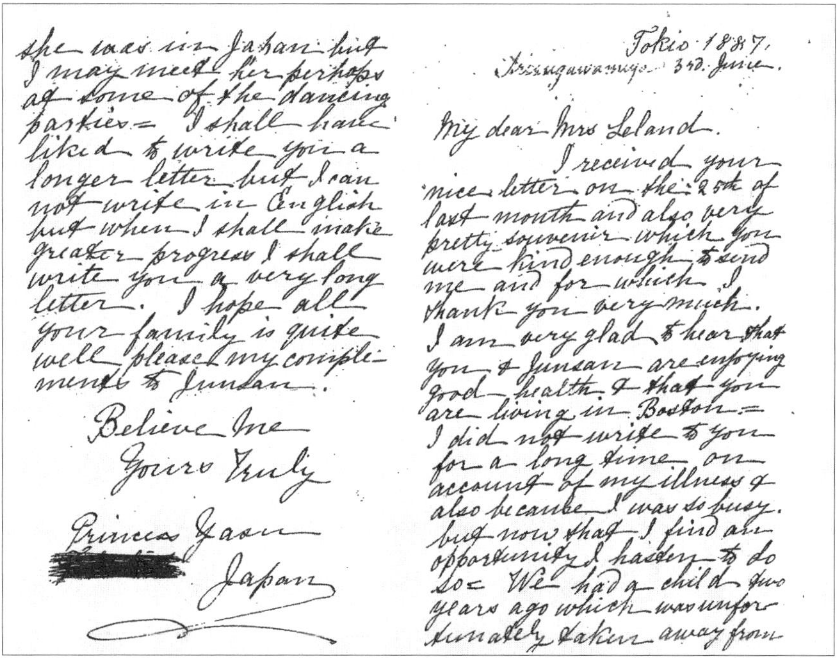

写真 2.14　1887 年 6 月 3 日，東京，有栖川宮慰子妃からリーランド夫人宛て書簡

書簡の内容は，次のようなものであった。

　お土産を伴ったお手紙を頂き有難うございます。

（ご機嫌伺い・近況）

暫く病気であった為，手紙を出すことが困難でした。2年前に赤ちゃんを亡くしすっかり元気を無くしていました。今ではしっかり元気を回復しています。

　皇后は昨年夏より洋装を纏われており，そのため私たちも同様に結婚をして他の日本人女性もその洋服を身に纏います。

　朝一日置きに家庭教師の先生から英語とフランス語を学んでいます。勉強することにはとても慣れていますが，遅々として上達はしていません。

　西洋社会に深い関わりを持っていて，十分楽しんでいます。例えば，夕食会，ダンスパーティー etc.

　毎年の皇室の夏季休暇に触れて，日光や伊香保等の避暑地で数ヶ月間過ごすことが恒例となっています

　（ジュンさんがボストンに戻られて随分成長されたことに触れて，………）

　彼女の写真も添えてボストンでの近況を是非お知らせください。

　貴女は私がフェノロサ夫人と会ったか否かについて尋ねましたが，彼女が日本に滞在中にはお会いしていません。いつかダンスパーティー等でお会いするかもしれません。

　　私は暫くは英文の手紙は書きませんが，上達した暁には長文の手紙を書こうと思います。

　　最後に
ご家族の皆様が揃って
お元気であることを願っています。

アリス・ピアース・ヒギンス　様

書簡はご機嫌伺いと近況報告が中心である。慰子妃は，暫く病気であったために手紙を出すことが困難であった。2 年前に赤ちゃんを亡くし落胆していたが今ではすっかり元気を取り戻した。

　皇后は昨年夏より洋服を纏われている。それに倣って多くの日本人女性も洋服を着用するようになってきた。

　皇室の習い事にも触れ，英語・フランス語等を学んでいたことが知れてとても興味深い。また日頃から西洋社会との関わりの深い夕食会やダンスパーティー等にも積極的に参加していた。また皇室の夏期休暇にも触れて，毎年日光や伊香保等の避暑地で数ヶ月過ごすことが恒例となっていたことが判った。皇室の交友関係にも触れておりこの点も非常に興味深い。

　最後に帰国後の娘順さんの成長ぶりに触れて，写真とともに近況報告を望んでいたことがわかる。

　以上，書簡の内容に即して検討してきたが，これまで二人の間にどの程度の書簡の往復があったかは必ずしも明確ではなかった。今回新たに見つかった 1 通の書簡をこれに加えることの意義は大きいと言わなければならない。

3) 今村嘉雄教授からリーランド娘順（ジュン）宛て書簡 1968.9.20　埼玉

　1968年9月，今村教授によって『学校体育の父　リーランド博士』の出版が完了しその挨拶を兼ねて報告した書簡である。執筆に当たり多大な資料提供を受けたことに感謝の気持ちを表し最後に本を贈呈した。

Saitama

September 20, 1968

my dear Mrs.Ojiun,

　It is with heartfelt pleasure that I can tell you about the completion and publication of Dr.Leland's biography titled "Dr.Leland—　The father of Japanese school physical education". It was published quite recently and have fortunately won a good reputation.

　This book is deeply indebted to you for your sympathetic kindness, and I cannot tell you how much I appreciated your help.

　I lease accept this book as a little memento with my best wishes for your happy and life. And I also hope that in future I may continue to enjoy your friendship.

Very sincerely yours,

Y.Imamura

　最近出版されたものですが，幸い高い評価を獲得しました。貴方（順さん）から得た多大な援助に感謝しています。貴方の幸福と健康を祈念して，この本を記念品として受け取ってください。末長くこの友情が続きます様に。

(4) 鈴木さんから大櫃宛てメール（追加写真のお礼と写真を見ての反応）

2023.6.20

大櫃教授

追加のお写真ありがとうございます。

一昨日の土曜日に，マリオさんと奥さん，奥さんの合唱仲間数人とお昼をご一緒しました。

体操伝習所の写真，興味深そうに見ておられました。

リーランド博士の宿舎も，こんな所に住んでいたのかと驚いて見ていたようです。

マリオさんは今年の四月に 90 歳になり，ご高齢のため，殆どご在宅の様ですが，以前働いていらした近くの，景色の良いレストランに行って参りました。

ローマ中心部から北西にある，ブラッチャーノ湖の近くで，とても素敵な所でした。

マリオさんの祖母の，ジュンさんとの思い出があるようで，生前名前の事で，<u>ジュンという名前は従順，"Obedience" からきているらしいが，
（傍線筆者）
私は開拓者なのよ</u>と言うような事を話していたようです。

ジュンさんが，慰子様に頂いた名前を本当に気にしていたのかは，今となっては分かりませんが，当時の日本人女性にとって，従順とは淑徳であったので，ジュンと言う名前に重い意味はないと伝えたのですが，従順が当時の淑徳とは，やはり文化や時代の違いもあり，理解はしてもらえたかもしれませんが，納得がいったかは分かりません。

リーランド博士に対しての質問も，考えてみようとおっしゃいました。

レストランでの写真を送りますね。

2022 年 6 月 20 日

鈴木　冴子

写真 2.15　ブラッチャーノ湖畔で寛ぐ Mario さんと仲間たち
（写真：12 時方向へ上段左から時計回りで　Fabrizio,Mario,Alberto, 鈴木さん，Ludovica,Alberto）

＊ローマ北西約 40km にある火口湖。風光明媚な土地柄で観光地。

3. 在ボストンリーランド博士の子孫との交流 2023.3.14

前出 Mario さんからボストン在住のリーランド博士の甥 Guido Guidotti Jr. さんの住所を伺いメールにより連絡を取らせて頂いた。合わせてリーランド博士に関する資料所蔵の有無について尋ねた。事前に Mario さんから Guido さんはリーランド博士からは玄孫に当たるので博士の話を聞くのは難しいであろうとの忠告を得ていたものの，更に念押しの意を込めて直接尋ねてみた。結果，次のように今手元には 2 枚 (写真 3.2) の写真は所持しているが，それ以外は持ち合わせていない旨の明確な返答を頂いた。

(1) Guido Guidotti Jr. さんから大櫃宛てメール (資料提供の協力について) 2023.3.14

Dear Takashi-san

I would be happy to help you in any way I can.

I have GAL's surgical mastoid scalpels, his medical notebook and a large photograph taken in Japan with GAL, his family and several servants at their home in Japan.

Please let me know how you would like me to proceed.

I am cc'ing GAL's great grandson, George Leland Montgomery, as he may also have some information for you.

All the best,

Guido-san

2023.3.14

　私はあなたにどんな協力でも致します。現在，私はリーランド・ナイフ，医学ノート，リーランド・召使い・家族と一緒に日本の住居で撮った大きな写真を持っています。

　今後話をどの様に進めてほしいかを教えてください。

　G.A. リーランドの曽孫ジョージ・リーランド・モンゴメリーに複写（cc）で配信します。彼も情報を持っているかもしれません。

との返信（アドバイス）を頂いた。

写真 3.1　リーランド・ナイフ
（リーランド博士が考案した扁桃腺用ナイフ。値段は当時 1セット（2本）3 ドルであった。）

(2) Guido Guidotti Jr. さんから大櫃宛てメール（写真の提供）2023.3.28

Dear Takashi-san,

Please see attached photo. Zoom in to see GAL on the porch lounge.

2023.3.28
Guido Guidotti

　添付の写真をご覧ください。ズームインするとポーチラウンジにいる
リーランドが確認できます。

写真 3.2　東大本郷お雇い外国人リーランド博士宿舎（上）
Alice（Mario 母），June（祖母），Alice Pierce
Higgins（曽祖母）（下）

4. アマースト大学所蔵カタログからのリーランド博士関係資料の発掘

　筆者による「リーランド関係資料」の現地調査 (1997 年・その後複数回) はすでに終えているが，調査後新たに追加された資料の確認作業も兼ねて，今回の再点検を行った。

　アマースト大学の資料目録に従いこれまでの調査で取り上げてこなかった新たな資料の抽出を試みた。アマースト大学スペシャルコレクションズの全面的な協力を得て，以下３点の資料を取り上げた。

　リーランドの経歴によれば，明らかに日本での体育指導の任務を終えるやそれ以後の自らの進むべき方向性を明確に決定付けた。欧州を巡遊して米国に帰途の最中，ドイツに立ち寄り本来の専門領域である咽頭学及び耳科学研究に従事している。(私たちは，父が医学研究を改めて始めたいと希望したので，ウィーンとハイデルベルヒに２年か間暮らした後，欧州旅行をしてボストンに帰りました。: ジュンの証言)

　離日を切っ掛けにこれまで専心してきた体育の研究と指導に決別し，本来目指していた医学への道をひたすら邁進することになる。帰国後に彼が辿った足跡を振り返って見ると大きな画期となったと見做される貴重な資料が見出せる (私の父の医学は広い領域にまで発展しました。私が 13 歳の時，父・母・私・弟でドイツに参りベルリンで数ヶ月過ごしました。それは父が乳頭手術，脳腫瘍手術の特別研究を望んだからです。ジュンの証言)。

　以下その３点を取り上げる。

　帰国後の彼の活動軌跡と資料収集の関連が把握可能な略年表を章末に付しておく。

(1) The identification of the human skeleton：A medicolegal study.
To which was awarded to prize of Massachusetts Medical Society
for 1878.〔写真 4.1〕

By：Dwight,Thomas. Boston：David Clapp & Son. 70pp,1878[8]

　リーランド博士が所有していた書籍『人間の骨格の識別―医学的な研究―』
（写真 4.1）は，リーランドが日本に赴いた時期に刊行された（1878 年に）もので
ある。当時マサチューセッツ医学会ではこの成果を最新の医療法学研究として
高く評価し学会賞を授与した。リーランドはこの研究成果にいち早く着目して
本書を入手していたことが窺われる。

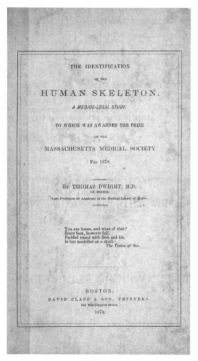

写真 4.1

写真 4.2　Thomas Dwight（1843-1911）
『人間の骨格の識別』の著者
,physician,anatomist,
and professor（Harvard Medical
School）

(2) Boston Young Men's Christian Association, Gymnasium

(Boston)：(Boston Young Men's Christian Association),19pp,1889[9]

　リーランドに関するボストン YMCA 体育館在任期の資料は極めて稀少である。当時彼は体育館医務責任者の職にあった。本パンフレットの記事によれば，彼は「肝臓障害や消化不良で悩む会員への提案（改訂版）」等を担当していたことが判明した。本書の目次によれば，―体育館会員規約，筋トレ（図解）（写真 4.4），食物の消化に関する表（写真 4.5），エンターティメントコース　1889～1890，特別な注意を払うべき体の部位 etc の内容から構成されている。

　また本書に掲載されている記事から当時，YMCA 傘下のスポーツ倶楽部，運動具メーカーの詳しい実態を知ることも可能である。

写真 4.3

写真 4.4

RACKETS

写真 4.5　当時，普及していたスポーツ用具

T. J. Shaw & Co.,

MANUFACTURERS OF

Oars, Racing Sculls,

写真 4.6

写真 4.7　リーランド作成「食物の消化に関する表」

(3) Bulletin of courses offered from January 1,1900,to July 1,1900

Boston Polyclinic（Boston）:（Boston Polyclinic）,Holmes & Co,6pp,1900[10]

　リーランドに関するボストン市立病院在任中の資料も同様に稀少な存在である。本書の内容からすると，種類別に分類してまとめた報告書である。(彙報) 当時，市立病院で開設されていたコースとインストラクター・場所・期間・開催日時を付した一覧表が示されている。これにより当時の医学分野の組織（分化・細目）の詳細を知ることが可能である。巻末の記載からリーランド博士はこの時期，以下のテーマを当面の課題として掲げていたことが伺える。ⅰ) 肺結核症への特別な言及―早期発見と衛生的食事療法による治療，ⅱ) 慢性疾患の実際的な治療法，ⅲ) 機能性神経疾患を含む様々な形態のリュウマチ及び消化器官の病気，

iv）神経系の疾患に関するメッセージの使用に関する特別な言及—（デモンストレーション付き）etc.—神経質な方は事前に連絡を—当時のリーランドの地位は耳鼻咽喉科医師・部長であった。

表 4.1	
clinical hematology	臨床血液学
clinical medicine	臨床医学
physical diagnosis	身体診断
major surgery	主要な手術
clinical surgery	臨床外科
minor surgery	軽い手術

表 4.2　当時の医学分野の組織一覧
（一部引用）

derimatology	皮膚科
neurology	神経学
pediatrics	小児科
ophthalmology	眼科
otology	遺伝学
laryngology	咽頭科
gynecology	婦人科

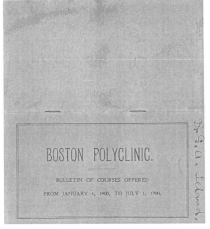
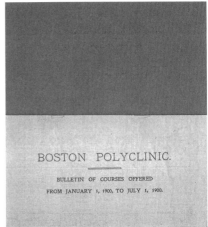

写真 4.8　ボストンポリクリニック
表紙右下，リーランド直筆のサインが見られる

帰国後のリーランドの活動（略年譜）

1880(明治13)年	6月15日	長女ジュン生まれる	"the identifyication of the human skelton"1878
1881(明治14)年	7月3日	妻，アリース，生後13か月長女ジュンと日本を離れる	8.16 ナポリ着　8月末　ウィン入り
1882(明治15)年			春まで滞在　Schrotter, Schnitzler らと咽頭学，耳下学を研究　ハイデルベルヒで過ごす 1882（春〜夏　4か月間）〜スイス，パリ，ロンドン巡遊
1883(明治16)年	10月10日	ボストン帰国（4年3か月外遊）ボストン YMCA 体育館医事担当者	
1885(明治18)年		ボストン医局耳科医となる	
1886(明治19)年		ボストン市立病院耳鼻咽喉科（助医）	長男リーランド Jr. 生まれる
1887(明治20)年	6月8日	有栖川宮慰子妃よりリーランド夫人宛て書簡（東京）	
1890(明治23)年			"Boston Young Men's Christian Association, Gymnasium" 1889
1893(明治26)年		ベルリン留学（妻子同伴）〜乳嘴突起・脳腫瘍手術研究―数ヶ月間滞在，ジュン（13歳）・弟（1963.5.16 ジュンの手紙から）	
		ダートマス医学校（耳鼻咽喉科　教授就任）「リーランド・ナイフ」開発	
		ボストン市立病院・耳鼻咽喉科耳科部長	
			" Boston POLYCLINIC" 1900
		米国咽喉学会副会長	

1904(明治37)年	ボストン市立病院（巡回耳科医）	
1908(明治41)年		長女ジュン　イタリア人将校と結婚
	米国咽喉学会会長	
1914(大正3)年	ダートマス医学校退職・名誉教授	
1918(大正7)年　12月27日	リーランド博士宅を訪問（『米国体育視察』） ～日本のこと，子供のこと,写真提供依頼，日本語での挨拶～	
1919(大正8)年	日本政府より勲四等受章	
1924(大正13)年　3月17日	リーランド没する	
1947(昭和22)年　6月28日	アリス・ピアース没する	

5. おわりに

　コロナ禍にあって，社会全体に不安な空気が漂う中，突然ローマから1通のメールが舞い込んだ。わが国にとって近代体育の指導者として恩恵のあるG.A. リーランド博士の曽孫さんからのものであった。曽祖父がお雇い外国人として日本に滞在中，如何なる役割を果たしていたかを尋ねる内容であった。

　この度予想だにしなかったリーランド博士（曽孫さん）との邂逅に，大いなる感動と興奮を覚えた。この長く時を隔てた出会いを千載一遇のチャンスと捉え交流する姿勢にも一段と真剣みを帯びることとなった

　早速，筆者はその問い合わせに対して知り得る限りの事実を返答した。この返礼として，曽孫さん所蔵の未公開資料（写真3点，肖像画2点及び書簡2点）を提供された。この際，ボストン在住の曽孫さんにも連絡を取り資料所蔵の有無について確認を行った。

　最後にこれを機会に筆者は一度点検は終えているがリーランド博士関係資料（アマースト大学所蔵）の再点検を行った。

　数少ない資料から検討を進めてきたが，リーランドが帰国後やがて医学分野に転身しそのキャリアを積み上げて自らの専門領域で確固たる地歩を固めていくプロセスを十分予見させる極めて貴重な文献であることが判明した。

　今後とも不明な部分の資料発掘を更に進め，リーランド研究の全体像の解明に迫って行きたい。

注
1) 大櫃敬史　2003『リーランド博士全集1』第3部　4. 写真　p.337 紫峰図書
2) 大櫃敬史　2011 東京大学総合研究博物館小石川分館　『建築博物誌／アーキテクトニカ　建築模型リスト　B003』東京大学
3) Obitsu Takashi 2011-2012 Historical model of Taiso Denshujo Taisoujo Amherst college Archives &Special Collections Photographs Box OS1（ shelf locator)
4) 大櫃敬史　2015『時空を超えて甦る　幻の体操伝習所体操場』亜璃西社
5) 今村嘉雄　1968『学校体育の父　リーランド博士』　p.30 不昧堂
6) 今村前掲書　p.78

7）今村前掲書　p.2

8）Dwight Thomas 1889 The identification of the human skeleton David Clapp & Son

9）Boston Young Men's Christian Association 1889 Gymnasium

10）Boston Polyclinic 1900 Bulletins of courses offered fron January 1,1900 to July 1, 1900

8）9）10）Amherst College Archives & Special Collections File

参考文献

1. 今村嘉雄　1968『学校体育の父　リーランド博士』不昧堂

2. 大櫃敬史　2003『近代日本体育の父　リーランド博士全集1』紫峰図書

3. 大櫃敬史　2015『時空を超えて甦る　幻の体操伝習書体操場』亜璃西社

4. 大櫃敬史　2015『日米体育交流に関する実証的研究』学文社

5. 今村前掲書

6. 朝輝記太留　1917『米国体育視察記』アマハスト見学　pp.227-229，ドクターリーランド訪問　pp.256-259に記述あり　大鎧閣

7. 同志社大学人文科学研究所　1995『外国人教師の目に映った百年前の同志社』木村桂文社

むすびにかえて

今回の「報告」でお世話になった方々を記して，

鈴木冴子さん　　　　　　　ローマに音楽留学中にも拘わらず，リーランド博士と 145 年を隔てた夢の様な交流の場を作って頂きました。労を惜しまず仲介役を担って頂き感謝の気持ちで一杯です。どうか充実した留学成果が得られます様に。

Mario Guidotti さんご夫妻　リーランド博士との時空を超えた再会の機会を与えて頂き深く感謝しております。貴重な資料の提供も頂きました。今後共益々お元気でご発展されることを祈念しています。

Guido Guidotti さん　　　　突然の高祖父との思い出話しに加わって頂き有難うございました。いつの日かボストンでお会いできる日を楽しみにしています。

Maria Dakin さん　　　　　ご多忙のところ資料提供にご協力を頂き深く感
（Amherst College　　　　謝しています。
Special Collections）

　学文社の田中千津子社長にはコロナ禍にあった「ほんとうの話」に最後まで付き合って頂きました。編集部の皆様には原稿の通読から本の体裁に至るまで様々なご助言ご協力を頂きました。

謹んで，お礼申し上げます。

　偶然に偶然が重なって，夢の様なリーランド博士との再会が実現した。なお夢み心地のまっ只中にいる。沢山の方々の助けを頂いてようやく叶ったことである。
　今もうしばらくはその余韻に浸っていたい心境である。……………………
2024 年 5 月 14 日

大櫃　敬史

著者紹介

大櫃　敬史（おおびつ　たかし）

　　北海道大学大学院元教授・特任教授。現在，教育史学会，教育
　　実践研究会会員。
　　1995-1996年，米国連邦議会図書館・メリーランド州立大学にお
　　いて文部省在外研究。
　　専攻は日本近代教育史・比較体育史。

主要論文・著書

　　『近代日本体育の父リーランド博士-アマースト大学と体育教育
　　　の成立』(紫峰図書　2003)
　　『時空を超えて─甦る，幻の体操伝習所体操場』(亜璃西社
　　　2015)
　　『日米体育交流に関する実証的研究』(学文社　2015)
　　「明治前期学校体育の成立過程：学制期～改正教育令期における
　　　体育書の史的分析」(教育史学会　1986)
　　「アメリカン・ボード日本ミッションの活動と日本近代体育の成
　　　立」(体育史専門分科会　2005)
　　他に「体操伝習所体操場の復元模型」の作製 (2011)

夢は時空を超えて─145年を隔てたG.A.リーランド博士との出会い─

2024年7月20日　第1版第1刷発行

　　　　　　　　　　　　　　　　　　　　　著　者　大櫃　敬史

発行者　　田中　千津子　　　　〒153-0064　東京都目黒区下目黒3-6-1
　　　　　　　　　　　　　　　電話　03 (3715) 1501 (代)
　　　　　　株式　　　　　　　FAX　03 (3715) 2012
発行所　　会社 学 文 社　　　https://www.gakubunsha.com

©2024 OBITSU Takashi Printed in Japan　　　　　　　印刷　新灯印刷
乱丁・落丁の場合は本社でお取替えします。
定価はカバーに表示。

ISBN 978-4-7620-3372-8